Verwerken en versterken

AF001109

Kind en Adolescent Praktijkreeks

Dit *Werkboek voor kinderen en jongeren* hoort bij *Behandeling van trauma bij kinderen en adolescenten. Met de methode Traumagerichte Cognitieve Gedragstherapie* van Judith A. Cohen, Anthony P. Mannarino en Esther Deblinger (2008). Dit boek is bestemd voor psychologen, orthopedagogen en psychiaters. Er is ook een *Werkboek voor therapeuten* en een *Werkboek voor ouders*, Uitgeverij Bohn Stafleu van Loghum, Houten, 2014.

Bestellen:

De boeken zijn rechtstreeks te bestellen via de webwinkel van uitgeverij Bohn Stafleu van Loghum te Houten: www.bsl.nl of via de boekhandel.

Verwerken en versterken

Werkboek voor kinderen en jongeren bij de methode Traumagerichte Cognitieve Gedragstherapie

Renée Beer en Ramón Lindauer

Houten 2014

© 2014 Bohn Stafleu van Loghum, onderdeel van Springer Media
Alle rechten voorbehouden. Niets uit deze uitgave mag worden verveelvoudigd, opgeslagen in een geautomatiseerd gegevensbestand, of openbaar gemaakt, in enige vorm of op enige wijze, hetzij elektronisch, mechanisch, door fotokopieën of opnamen, hetzij op enige andere manier, zonder voorafgaande schriftelijke toestemming van de uitgever.

Voor zover het maken van kopieën uit deze uitgave is toegestaan op grond van artikel 16b Auteurswet j° het Besluit van 20 juni 1974, Stb. 351, zoals gewijzigd bij het Besluit van 23 augustus 1985, Stb. 471 en artikel 17 Auteurswet, dient men de daarvoor wettelijk verschuldigde vergoedingen te voldoen aan de Stichting Reprorecht (Postbus 3060, 2130 KB Hoofddorp). Voor het overnemen van (een) gedeelte(n) uit deze uitgave in bloemlezingen, readers en andere compilatiewerken (artikel 16 Auteurswet) dient men zich tot de uitgever te wenden.

Samensteller(s) en uitgever zijn zich volledig bewust van hun taak een betrouwbare uitgave te verzorgen. Niettemin kunnen zij geen aansprakelijkheid aanvaarden voor drukfouten en andere onjuistheden die eventueel in deze uitgave voorkomen.

ISBN 978 90 368 0573 5
NUR 777

Ontwerp omslag: Studio Bassa, Culemborg
Automatische opmaak: Pre Press Media Groep, Zeist
Illustraties: Marcel Jurriëns

Bohn Stafleu van Loghum
Het Spoor 2
Postbus 246
3990 GA Houten

www.bsl.nl

Inhoud

	Inleiding	7
	DEEL 1 TRAUMATISCHE STRESS	9
1	**Informatie**	11
1.1	Welkom	11
1.2	Gebeurtenissen en trauma	13
1.3	Reacties op gebeurtenissen	14
2	**Ontspanning**	17
2.1	Spierontspanningsoefening voor jongeren	18
2.2	Spierontspanningsoefening voor kinderen	19
2.3	Nog een spierontspanningsoefening voor kinderen	20
2.4	Ademhalingsoefening voor jeugdigen	20
2.5	Fantasieoefening voor jeugdigen	21
3	**Gevoelens**	23
3.1	Veiligheid	23
3.2	Problemen met andere mensen	23
3.3	Omgaan met nare gevoelens	24
3.3.1	Gevoelens herkennen	24
3.3.2	Gevoelens uiten	27
3.3.3	Gevoelens reguleren	29
4	**Gedachten**	33
4.1	Gedachten – gevoelens – gedrag	33
4.2	GGG-spel	34
4.3	De Driehoek	35
4.4	Foute gedachten	36
4.5	Ontdek je denken!	36
5	**Traumaverhaal**	39
6	**Gedachten en gevoelens bij het verhaal**	41
7	**Je verhaal delen**	43
8	**Ten strijde tegen de laatste restjes**	45
9	**En nu naar de toekomst**	47

DEEL 2 TRAUMATISCHE ROUW — 51

10	Informatie	53
11	Verlies en verdriet	55
12	Mooie herinneringen	57
13	En nu naar de toekomst	59
	Geraadpleegde bronnen	61
	Over de auteurs	63
	Jouw verhaal	65

Inleiding

Dit werkboek gaat jou helpen bij de behandeling waaraan je samen met je ouder(s)/verzorger(s) gaat beginnen. In deze behandeling krijg je uitleg van je therapeut over verschillende onderwerpen, stof om te lezen en ga je zelf dingen opschrijven. Je gaat actief aan de slag met het doorvoeren van veranderingen in je leven. Nu eens zal je gevraagd worden om je eigen gedrag te observeren, dan weer ga je nieuw gedrag uitproberen. En als dat nieuwe gedrag goed uitpakt, dan houd je dat vast en blijf je daarmee doorgaan. Je vindt in dit boek alles wat je tijdens deze behandeling moet lezen. Daarnaast vind je ruimte voor tekeningen en aantekeningen. Je hebt alles bij elkaar. Misschien wil je sommige stukken nog eens nalezen tijdens of na je behandeling. Dit zal je helpen om belangrijke informatie nog beter te snappen of tot je door te laten dringen.

Ook je ouder(s)/verzorger(s) doet(n) actief mee. Zij krijgen dezelfde informatie als jij en leren dezelfde vaardigheden. Je hebt op dit moment regelmatig – misschien wel elke dag – last van vervelende gevoelens, gedachten of gedrag. Dit is gekomen doordat je een of meer nare gebeurtenissen hebt meegemaakt. Met behulp van dit programma gaan we ervoor zorgen dat je weer wordt zoals je was voordat deze gebeurtenis(sen) plaatsvond(en).

Het programma is opgebouwd uit onderdelen die elkaar in een logische volgorde opvolgen; we noemen ze blokken. Het blijkt dat al deze blokken van belang zijn voor een goede behandeling van iemand die zoiets heeft meegemaakt als jij. De behandeling is onderzocht en hierbij zijn alle blokken toegepast. Er is niet vastgesteld welk blok voor welk effect zorgt. Daarom worden alle blokken toegepast en stemt de therapeut de hoeveelheid tijd per blok af op wat nodig is voor jou. Dit werkboek begeleidt je bij het doorlopen van alle blokken. Of je alleen deel 1 volgt of deel 1 en deel 2 allebei is afhankelijk van wat je hebt meegemaakt en waar je last van hebt. De therapeut bespreekt telkens met je wat je moet lezen of opschrijven. De verschillende soorten opdrachten worden in het werkboek aangegeven met plaatjes:

....betekent: schrijf op

....betekent: bekijk

....betekent: doe...

Het kan zijn dat je therapeut bij bepaalde onderdelen andere informatie geeft of andere oefeningen gebruikt dan in dit boek staan, omdat hij/zij dat materiaal beter geschikt vindt om de doelen te bereiken die jullie hebben afgesproken.
Dit programma is al bij veel kinderen en jongeren toegepast, en er is onderzocht of het hen heeft geholpen. Daardoor kunnen we nu zeggen dat het een 'effectief programma' is. Dat betekent dat de kans groot is dat ook jij geholpen zult worden door dit programma.
Dit werkboek is geschreven voor kinderen en jongeren van zeven tot achttien jaar.[1]
We hopen dat zowel kinderen van de basisschool als jongeren die op de middelbare school zitten, zich aangesproken voelen en uit de voeten kunnen met de informatie en de opdrachten in dit werkboek.

Wij hebben voor de samenstelling van dit boek veel zelf bedacht, maar ook gebruikgemaakt van materiaal dat door andere mensen is ontwikkeld.[2] De geraadpleegde bronnen staan apart vermeld achter in het boek.
Wij wensen je veel succes met je behandeling!

Renée Beer en Ramón Lindauer, TF-CBT trainers

---

1 In dit boek spreken we van kinderen als het gaat om jongens en meisjes van 7 tot 12 jaar; bij jongens en meisjes van 12 tot 18 jaar spreken we van jongeren; kinderen en jongeren samen noemen we jeugdigen.

2 Wij bedanken Nathalie Schlattmann voor haar waardevolle commentaar op een eerdere versie van dit manuscript en Marcel Jurriëns voor de illustraties. De ontwikkelaars van dit programma Judith Cohen, Anthony Mannarino en Esther Deblinger alsmede de trainer Laura Murray danken wij voor hun pionierswerk en voor de inspiratie die zij ons boden.

3 De therapeut die je behandelt, is opgeleid om deze behandeling goed toe te kunnen passen.

Deel 1 Traumatische stress

1 Informatie

1.1 Welkom

Therapie is een veilige plek waar je geholpen wordt om ervoor te zorgen dat het weer beter met je gaat. Je zult hier praten, schrijven, van gedachten wisselen en tekenen. Jonge kinderen zullen misschien ook spelen. Je zult informatie krijgen over de nare gebeurtenis(sen) die jij hebt meegemaakt en de gevolgen daarvan voor jou tot nu toe. Je gaat leren hoe je je zelf rustig kunt maken als je er steeds maar weer aan moet denken en daardoor gespannen of gestrest raakt. Ook leer je hoe je zo goed mogelijk kunt zorgen voor je eigen veiligheid in de toekomst. Je gaat een heleboel over jezelf leren: over je gedachten, je gevoelens en je gedrag. En hoe je die kunt veranderen. Schrijf op of teken hieronder bij A zoals je jezelf nu ziet en daarna bij B zoals je hoopt te zijn als de therapie klaar is.

A

B

Voor de beste resultaten is het belangrijk dat je elke keer aanwezig bent en alleen een afspraak afzegt als het ECHT ONMOGELIJK is om te komen. Net zo belangrijk is het dat je de behandeling helemaal afmaakt. Het is net zoiets als een antibioticakuur: die moet je ook altijd afmaken, zelfs als halverwege de kuur de klachten al over zijn. Als je de behandeling niet afmaakt, loop je risico dat klachten terugkomen. Dan gaat het niet goed met je, en dat is vervelend.

De behandeling ziet er ongeveer zo uit als hieronder weergegeven.

Blokken van het behandelprogramma (PRACTICE)		
Naam blok	**Wie**	**Wat**
Psycho-educatie	Ouders en jeugdige (apart)	Informatie over - gevolgen van trauma; - veelvoorkomende reacties van jeugdigen in het algemeen en van jou in het bijzonder; - opbouw behandelpakket.
	Ouders	Pedagogische vaardigheden versterken, zodat ouders beter kunnen omgaan met gedrag jeugdige.
Relaxatie	Ouders en jeugdige	Technieken gericht op ontspanning en stressmanagement.
Affectmodulatie	Ouders en jeugdige	Ouders en jij leren emoties te identificeren en er adequaat mee om te gaan.
Cognities	Ouders en jeugdige	1 Samenhang begrijpen tussen cognities – gedrag – emoties (ofwel denken - voelen - doen) om daarmee later onjuiste of ontregelende cognities over het trauma te kunnen ontdekken en veranderen; herkennen van eigen denkstijlen. 2 Nadat verhaal geschreven is, worden ontregelende gedachten en denkstijlen opgespoord en veranderd.
Traumaverhaal	Ouders en jeugdige	Jij maakt verhaal over wat je hebt meegemaakt. Ouders onderzoeken en veranderen hun onjuiste en ontregelende cognities bij delen van het verhaal.
In vivo controle over situaties die herinneren aan de gebeurtenis(sen)	Jeugdige	Opheffen van vermijding van situaties die ongevaarlijk zijn, maar nog steeds vermeden worden.
Combinatiesessies	Ouders en jeugdige	Ouders en jij spreken met elkaar over wat er is gebeurd aan de hand van het traumaverhaal en bevragen elkaar.
En nu naar de toekomst	Jeugdige	Jij leert zo nodig extra vaardigheden aan ter bevordering van veiligheid en ontwikkeling.
	Ouders	Ouders stimuleren en bekrachtigen zo nodig het gewenste gedrag.

1.2
Gebeurtenissen en trauma

Nare of verwarrende gebeurtenissen kunnen van binnen een soort wond veroorzaken, net zoals een valpartij een schaafwond kan veroorzaken aan je buitenkant. Een schaafwond gaat meestal vanzelf weer over. In dat geval hoef je er niets aan te doen. Maar soms moet een wond eerst schoongemaakt en verzorgd worden om haar de kans te geven goed te genezen. Dat is het geval als een wond pijn doet, dan veroorzaakt hij klachten. Als schoonmaken nodig is, dan moet dat ook echt goed gebeuren. Anders gaat de wond ontsteken, en dan krijg je nog meer pijn en kan de wond niet goed genezen. Zo'n wond van binnen noemen we een 'trauma'.

Gebeurtenissen kunnen naar of verwarrend zijn geweest omdat er gevaar dreigde voor jou of iemand anders. Het gevaar kan echt geweest zijn of alleen maar in je hoofd hebben gezeten, omdat jij dacht dat het gevaarlijk was. Het daadwerkelijke of vermeende gevaar kan gericht zijn geweest tegen jou of tegen iemand anders. Misschien was jij zelf slachtoffer of zag je iets naars gebeuren bij iemand anders waar je bij was. Het kan ook zijn dat je er niet bij was, maar er achteraf over hoorde.

Een gebeurtenis kan verwarrend zijn geweest, omdat je niet wist wat je moest doen. Een situatie kan ook verwarrend zijn geweest, omdat je niet begreep wat er gebeurde. Toen de gebeurtenis plaatsvond, voelde je je hulpeloos of machteloos, misschien voelde je ook afschuw of angst.

Hieronder mag je opschrijven of tekenen wat voor nare of verwarrende gebeurtenis(sen) jij hebt meegemaakt. Als je meer gebeurtenissen hebt meegemaakt, dan beantwoord je de onderstaande vragen een paar keer achter elkaar – per gebeurtenis.

Hoe noemen we dat wat jij hebt meegemaakt?
___
___

Hoeveel jeugdigen in Nederland maken zoiets mee, denk je?
___
___

Hoe komt het dat zo iets gebeurt, denk je?
___
___

Welke vragen heb je zelf nog:
___
___

Zoek op internet of in de bibliotheek hoe vaak in Nederland voorkomt wat jij hebt meegemaakt en hoeveel jeugdigen daarna klachten ontwikkelen. Vraag eventueel aan je therapeut waar je die informatie kunt vinden.

1.3
Reacties op gebeurtenissen

Jeugdigen met een trauma (wond van binnen) voelen zich bang, boos, verdrietig, opgejaagd of machteloos. Ze kunnen last hebben van het idee of het gevoel dat de gebeurtenis nog steeds voortduurt of opnieuw kan plaatsvinden.
Veel jeugdigen hebben nachtmerries of moeten er overdag de hele tijd aan denken, terwijl ze dat helemaal niet willen.

Sommigen zien steeds flarden van de gebeurtenis voor zich. Anderen blijven de hele tijd zenuwachtig of boos. Allebei kan ook. Na een verwarrende of nare gebeurtenis blijven sommige jeugdigen bang voor (mogelijk) gevaar in hun omgeving. Andere jeugdigen gaan bepaalde plaatsen of situaties steeds uit de weg. Jeugdigen vertellen ook weleens dat ze niet meer goed kunnen slapen of opletten op school. Veel jeugdigen willen absoluut niet denken aan of praten over wat ze hebben meegemaakt, maar de herinneringen duiken steeds maar weer op, of ze dat nou willen of niet. Als er iets is wat hen herinnert aan de gebeurtenis, kunnen jeugdigen daar heftig op reageren met lichamelijke reacties (hartkloppingen, maagpijn, hoofdpijn) of emotionele reacties (verdriet, angst, boosheid). Anderen voelen juist niets. Ze voelen zich leeg, alsof ze geen gevoel meer hebben. Sommige jongeren grijpen naar alcohol of drugs om de heftige gevoelens te ontvluchten.

Noteer hieronder waar jij last van hebt, of zoek hierboven naar woorden waarbij je denkt: dat heb ik ook.

___

Wat is jou opgevallen bij andere jeugdigen die iets dergelijks hebben meegemaakt?

___

Wat kunnen jeugdigen eraan doen als ze iets naars hebben meegemaakt en er last van hebben?

___

Welke vragen heb je zelf nog:

___

Wat ga je leren in deze behandeling:

___

2 Ontspanning

Ontspanning betekent je rustig en kalm voelen, 'zonder spanning'. Na vervelende of verwarrende gebeurtenissen voelen we ons vaak gespannen en bezorgd. We voelen ons beter als we leren ons lichaam en hoofd te ontspannen. In dit blok leer je verschillende manieren om jezelf rustig te maken als je gestrest of gespannen bent. Welke dingen in het dagelijks leven kunnen jou gespannen maken, stress geven?

_____
_____
_____
_____
_____

Maak hieronder een lijst met dingen die je graag doet en waarvan je een rustig en kalm gevoel krijgt:

1 _____

2 _____

3 _____

4 _____

5 _____

6 _____

7 _____

8 _____

9 _____

10 _____

Maak hieronder een lijst met dingen waar je rustig van wordt en die je graag samen met je ouders/verzorgers doet:

1 _____

2 _____

3 _____

4 _____

5 _____

6 _____

7 _____

8 _____

9 _____

10 _____

Voor stressvermindering en om ontspannen te worden, zijn er verschillende mogelijkheden:
1 activiteiten doen die afleiden, rustig maken en/of plezier geven (zie boven);
2 oefeningen doen met je spieren, ademhaling, fantasie (zie onder).
Hier volgen eerst een paar oefeningen waarmee je je spieren kunt ontspannen.

2.1
Spierontspanningsoefening voor jongeren

We hebben besproken hoe het lichaam reageert op stress. Omdat je lichaam in een alarmtoestand komt, worden alle spieren aangespannen. Dat geeft een vervelend gespannen gevoel. Door te leren je spieren bewust te ontspannen, kun je dat vervelende gevoel verlichten en ook een aantal andere stressreacties in je lijf terugdraaien.
Je leert alle spieren in je hele lijf afzonderlijk te spannen en ontspannen, van boven naar beneden, van hoofd naar tenen. Je kunt de oefening zittend op een stoel doen, of liggend op je bed of op de vloer. Je kunt je ogen openhouden of dichtdoen, wat je zelf prettiger vindt. Als je ze dichtdoet, word je minder afgeleid door wat je eventueel ziet in je omgeving en kun je je beter concentreren op wat je voelt.
Begin met alle spieren in je hele lijf en je gezicht tegelijk aan te spannen. Doe maar ... Houd vast en voel de spanning ... En laat maar los ... en voel het verschil tussen spanning en ontspanning.
Concentreer je nu alleen op je gezicht en trek je beide oren naar achteren alsof je goed wilt luisteren, omdat je iets niet goed kunt horen ... houd vast ... en laat los.
Concentreer je nu op je voorhoofd en trek je wenkbrauwen op alsof je heel verbaasd bent ... houd vast ... en laat maar los. Knijp je ogen stijf dicht ... en doe ze weer rustig open. Let steeds op het verschil tussen spanning en ontspanning. Span nu je kaken door je tanden heel hard tegen elkaar aan te duwen ... en laat los. Pers je lippen stijf op elkaar, alsof ze aan elkaar vastgeplakt zitten ... en laat maar los. Span nu je nekspieren door te doen alsof je hoofd vastgevroren zit op je nek ... en laat maar los. Ga nu naar je rechterschouder. Trek hem op naar je hoofd ... en laat los. Breng je

onderarm naar je schouder en doe alsof je iets vastgeklemd moet houden in je rechterelleboog, wat absoluut niet mag vallen ... voel de spanning in je boven- en onderarm ... en laat maar los. Maak nu een vuist van je rechterhand ... en laat los. Doe nu hetzelfde met links ... Dus eerst linkerschouder... dan boven- en onderarm ... dan vuist.

Dan gaan we naar de romp. Span de borstspieren aan alsof je een harnas bent ... en laat los. Trek je buik in ... en laat los. Span je bilspieren aan ... en laat los.

Dan gaan we nu verder met de benen. Span de spieren in je rechterbovenbeen aan ... en laat los. Span de spieren in je onderbeen door je been naar voren te strekken en je tenen omhoog te strekken ... en laat los. Zet je been weer rustig neer en span je tenen door ze omhoog te strekken ... en laat los. Hetzelfde met links ... eerst bovenbeen ... dan onderbeen ... dan tenen ... en laat los.

Blijf even rustig zitten en ervaar intens hoe goed het voelt als alle spieren ontspannen zijn. Ga na of er nog ergens een restje spanning zit. Als dat het geval is, span de spieren daar dan eerst extra aan en ontspan ze daarna. Let op het verschil. Haal een paar keer diep adem door je buik en geniet van het ontspannen gevoel.

Hoe vaker je dit doet, des te beter zul je je kunnen ontspannen en des te groter zal het verschil voelen tussen gespannen en ontspannen spieren.

2.2
Spierontspanningsoefening voor kinderen

Laten we allebei eens doen alsof we een pak spaghetti zijn. Je weet wel van die stijve kaarsrechte stengels ... Voel je? ... En laten we nu eens doen alsof we gekookte spaghetti zijn. Je weet wel van die slappe slierten die alle kanten op slingeren ... Voel je het verschil tussen ongekookte en gekookte spaghetti? ...

Het is goed om te leren je spieren te laten voelen als slappe slierten spaghetti wanneer je merkt dat je gespannen bent. Ga je dit de komende dagen thuis oefenen? Als je het vaak oefent, zul je het steeds beter kunnen.

2.3
Nog een spierontspanningsoefening voor kinderen

We beginnen met doen alsof je een citroen in je handen hebt. Probeer die citroen helemaal leeg te knijpen ... voel de druk in je handen en in je armen terwijl je knijpt ... Laat nu de citroen vallen en merk op hoe ontspannen je spieren voelen ... merk hoe veel beter je handen nu voelen ... Doe het nog maar een keer ... knijp hard ... nog een beetje meer ... en laat los. Hoe was dat?
Klaar voor volgende oefening? Doe eens alsof je net wakker bent geworden en je wilt uitrekken naar de zon. Strek je armen omhoog, alsof je hem bijna kunt aanraken ... strek verder ... voel de spanning in je handen en schouders ... en laat nu snel vallen. Voelt dat goed? Mooi zo.

Volgende oefening. Doe eens alsof je een slak bent die voor zijn huisje zit ... plotseling hoor je een sirene en voel je dat er gevaar dreigt ... rol je op en probeer je opgekruld in je huisje te verstoppen ... trek je schouders omhoog naar je oren en duw je hoofd tussen je schouders ... trek je knieën omhoog om je zo klein mogelijk te maken ... houd vast ... en laat maar weer los. Het gevaar is weg en je kunt weer buiten spelen. Je voelt je ontspannen en veilig ... daar hoor je de sirene opnieuw ... kruip weer in elkaar in je huisje ... oké, je kunt weer ontspannen ... het gevaar is weer weg ... zet je hoofd weer recht op je nek ... maak een lange nek ... en laat je schouders ontspannen ... en laat je benen weer zakken.
Dan komt nu de laatste oefening. Doe eens alsof je met blote voeten op een berg aardbeien staat ... druk je voeten diep in de aardbeien ... en voel hoe ze onder je voeten pletten en alle kanten opspatten ... probeer je voeten helemaal naar de bodem te drukken ... ontspan nu je voeten en je tenen maar weer ... en voel hoe prettig dat voelt ... open nu maar langzaam je ogen.

2.4
Ademhalingsoefening voor jeugdigen

Bij buikademhaling laat je je buik omhoog gaan bij het inademen en weer inzakken bij het uitademen.
Ga lekker op een stoel zitten of liggen op je rug ... doe je ogen dicht ... en leg je handen een paar centimeter onder je navel op je buik ... haal drie keer lang en diep adem ... voel dat je bij elke ademhaling dieper ontspant ... concentreer je op de lucht die naar binnen en naar buiten gaat ... noem bij elke uitademhaling een letter van je voornaam. Als je bijvoorbeeld Mark heet, zeg je bij de eerste uitademing 'M', in jezelf zonder stemgeluid. Adem weer in ... en bij de volgende uitademing zeg je 'A'. Idem met 'R' en 'K'. Daarna hetzelfde met je achternaam.
Hoe voel je je nu je dit hebt gedaan? Je kunt jezelf hiermee rustig maken, als je merkt dat je gespannen bent.

2.5
Fantasieoefening voor jeugdigen

Haal rustig adem ... en denk aan de slappe spaghetti ... laat alle spanning die nog in je lijf zit los ... Goed zo. Haal diep adem ... en luister naar de lucht die naar binnen en naar buiten gaat ... Mooi zo.

Roep een beeld op in je hoofd van je lievelingsdier of een held of iemand waar je heel erg op gesteld bent ... zie je dat? ... Waar houd je zo van bij hem/haar? Wat bewonder je aan hem/haar? Concentreer je op wat je voelt als je denkt aan de mooie eigenschappen van ... (gekozen dier of persoon) ... roep nu een herinnering op aan een situatie waarin jij als het ware net zo was als ... (gekozen dier of persoon), waarin jij die eigenschappen van hem/haar ook vertoonde ... neem de tijd ... laat het beeld maar naar je toe komen ... Waar was je en wat was je aan het doen toen je zijn/haar eigenschappen vertoonde? Als het in het echt anders ging, kun je ook fantaseren dat je die eigenschappen toen vertoonde. Denk maar alsof het zo was. Concentreer je op het gevoel dat hierdoor opgeroepen wordt ... Neem dat gevoel over en laat het groter worden ... en nog groter ... stel je voor dat je een volumeknop hebt waarmee je het goede gevoel helemaal open kunt zetten ... neem het gevoel over en laat je erdoor helpen ... het is van jou. Stel je voor dat je het gevoel kunt gebruiken voor een probleem dat je nu hebt ... probeer te voelen dat het je kan helpen ... Heel goed. Het gevoel is van jou. Wanneer je maar wilt, kun je de ontspanning en ademhaling gebruiken om het beeld op te roepen van ... (gekozen dier of persoon), dan kan dit gevoel ook weer bij je terugkomen. Als je klaar bent, keer je weer langzaam terug naar de kamer. Luister naar je ademhaling. Hoor de geluiden om je heen. Doe je ogen open. Je voelt je rustig en ontspannen. Het beeld van ... (gekozen dier of persoon) en de kracht die het gevoel je geeft, kun je altijd en overal gebruiken.

Maak hieronder een tekening van jezelf zoals je eruitziet als je gespannen of gestrest bent (links) en als je ontspannen bent (rechts):

Gespannen/gestrest   Ontspannen

3 Gevoelens

Gevoelens zitten in ons hart en op andere plekken in ons lijf. Er bestaan een heleboel verschillende gevoelens. Gevoelens kunnen van het ene op het andere moment veranderen. Soms voelen we verschillende dingen tegelijk. In dit blok gaan we eerst bekijken hoe je je weer veilig kunt voelen (3.1.) en daarna wat voor situaties jou misschien nare gevoelens bezorgen (3.2.). Dan ga je leren hoe je kunt omgaan met nare gevoelens: hoe je ze kunt herkennen, benoemen (3.3.1) en uiten (3.3.2). Je leert daardoor ook hoe je heftige nare gevoelens minder heftig kunt maken (3.3.3.).

3.1 Veiligheid

Door wat jij hebt meegemaakt, voel jij je misschien niet meer veilig.

Wat kun jij doen om je weer veilig te voelen in je omgeving? En wie kun je daar zo nodig bij betrekken?

_____
_____
_____
_____
_____

3.2 Problemen met andere mensen

Kom jij vaak in botsing met andere mensen in je omgeving, waardoor je een rotgevoel krijgt? Zo ja, noteer een aantal voorbeelden van hoe het er dan zoal aan toegaat. We moeten samen uitvinden wat jij doet in die situaties en wat je kunt leren anders te doen.

_____
_____
_____
_____
_____

Zijn er bepaalde situaties die vaak voorkomen en die jij moeilijk vindt om mee om te gaan? Zo ja, schrijf hieronder voorbeelden.

___

Je hebt hier in de therapie dingen geleerd die je misschien nog niet eerder had geleerd. Daardoor zul je in de toekomst beter om kunnen gaan met situaties in contact met andere mensen, waarmee je tot nu toe niet goed raad wist en waarin er dingen gebeurden, die je eigenlijk helemaal niet wilde of fijn vond. Schrijf hieronder wat je geleerd hebt wat jij anders kunt gaan doen om bovenstaande problemen te voorkomen of te verlichten.

___

3.3
Omgaan met nare gevoelens

3.3.1
Gevoelens herkennen

Schrijf in één minuut zo veel mogelijk gevoelens als je maar kunt bedenken in de eerste kolom hieronder.

Gevoelens	Kleuren

Geef daarna in de tweede kolom aan elk gevoel een kleur, bijvoorbeeld boos = rood, bang= blauw of iets dergelijks. Bedenk een kleur die jij vindt passen bij elk gevoel. Een kleur kan ook passen bij verschillende gevoelens.

GEVOELENS EN HET LIJF

Voor elk gevoel heb je een kleur bedacht. Teken hieronder een poppetje en kleur in het lijf van het poppetje waar je verschillende gevoelens voelt. Vertel daarna aan je therapeut waar in je lijf je wat voelt.

GEVOELENS EN GEZICHTEN

Aan iemands gezicht kun je zien hoe die zich voelt (zie de smileys hieronder).

GEVOELENS RADEN

Met je therapeut – en ook thuis met je ouders of broer/zus – kun je het volgende spel spelen: om de beurt beeldt een van jullie een van de gevoelens uit die in het plaatje met smileys staan. De ander probeert te raden welk gevoel er uitgebeeld wordt. Als het goed geraden is, bedenk jij (of de ander) hoe het komt dat je dat gevoel hebt. Je geeft als het ware een verzonnen verklaring voor dat gevoel. Wat is er gebeurd dat je je nu … voelt?

3.3.2
Gevoelens uiten

Weet je wat *altijd* goed is om te doen met gevoelens?

Zeggen wat je voelt en waarom je je zo voelt.
Bij nare gevoelens liefst direct tegen degene die je dat gevoel bezorgt of die ermee te maken heeft.
En als je dat niet kunt of durft, zeg het dan tegen iemand anders die je vertrouwt en die je misschien kan helpen.

Als het je lukt om te doen wat hierboven staat, dan kun je een schatkist openen en vullen. Een schatkist die bestaat uit contacten met kinderen en grote mensen bij wie jij je prettig voelt. Dat maakt je rijk.

Er zijn een heleboel verschillende emoties en die kunnen allemaal meer of minder sterk zijn. Vaak is er dan een andere naam voor, bijvoorbeeld: geïrriteerd – boos – woedend. Hieronder zie je een emotiecirkel. Die laat de vier basisemoties zien die we allemaal kennen: bang, boos, blij en verdrietig. Het is goed om te proberen zo veel mogelijk aan de buitenkant van de cirkel te blijven, dan overweldigen de gevoelens je niet zoals een golf in de zee over je heen kan spoelen.

Emotiecirkel

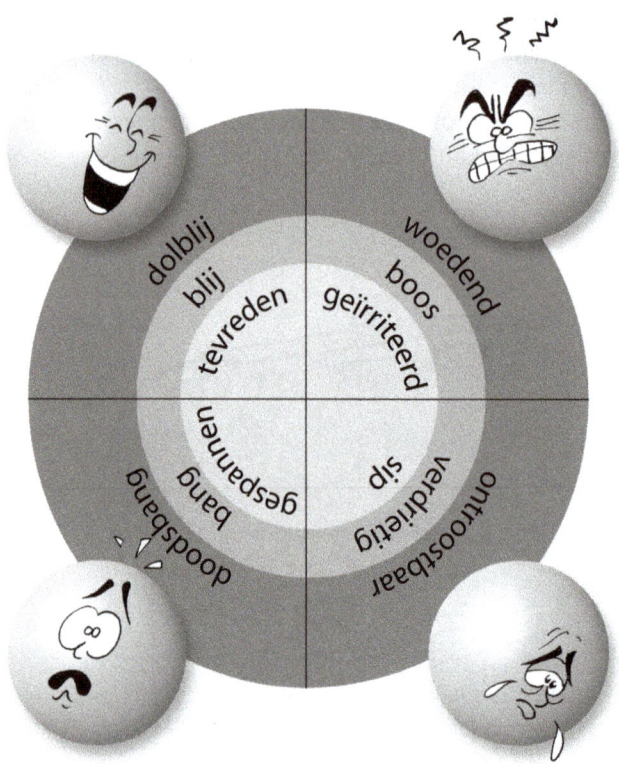

GEVOELSTHERMOMETER

Je kunt dus iets helemaal niet – een pietsje – nogal behoorlijk – of hartstikke sterk voelen. Met een gevoelsthermometer (zie hieronder) kun je aangeven hoe sterk je iets voelt, net zoals je met een thermometer kunt meten hoe warm je bent. Het getal op de gevoelsthermometer geeft aan hoe sterk je iets voelt.
Welk gevoel ervaar je nu het sterkst? Hoe sterk is het nu?

Gevoelsthermometer

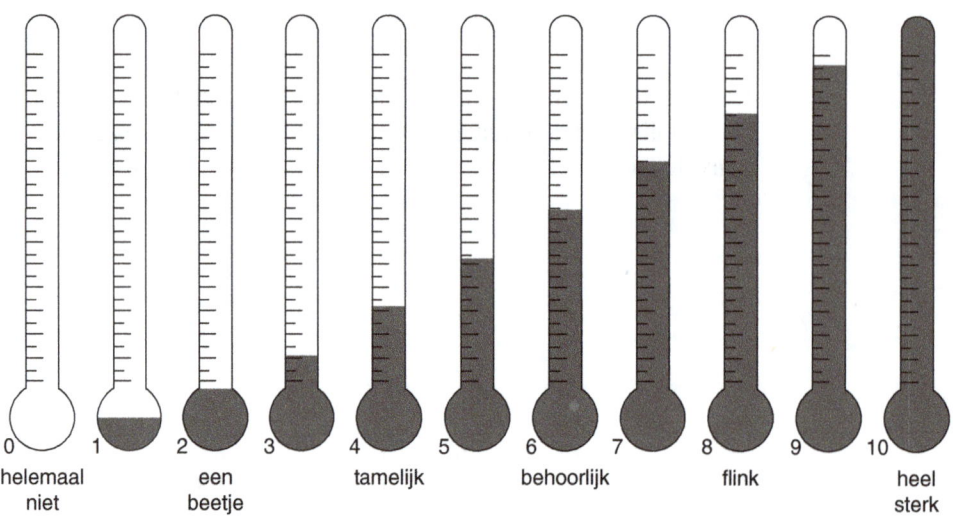

BLOK 3   GEVOELENS   29

Noteer de komende week elke dag op een vast tijdstip de naam van een gevoel dat je die dag hebt gehad en hoe sterk het was.

Dag	Gevoel	Sterkte
Zondag		
Maandag		
Dinsdag		
Woensdag		
Donderdag		
Vrijdag		
Zaterdag		

3.3.3

Gevoelens reguleren

EERSTEHULPPAKKET VOOR TE NARE GEVOELENS

Als een naar gevoel heel sterk is, kun je verschillende dingen *doen* om het gevoel minder sterk te maken. Een van de vele manieren is leuke dingen ondernemen, waarmee je jezelf afleidt. Maar dat is lang niet altijd de beste keus. We gaan een 'eerstehulppakket' samenstellen met wat je allemaal kunt doen om minder last te hebben van nare gevoelens (zie de figuur hieronder).

Eerstehulppakket voor te nare gevoelens

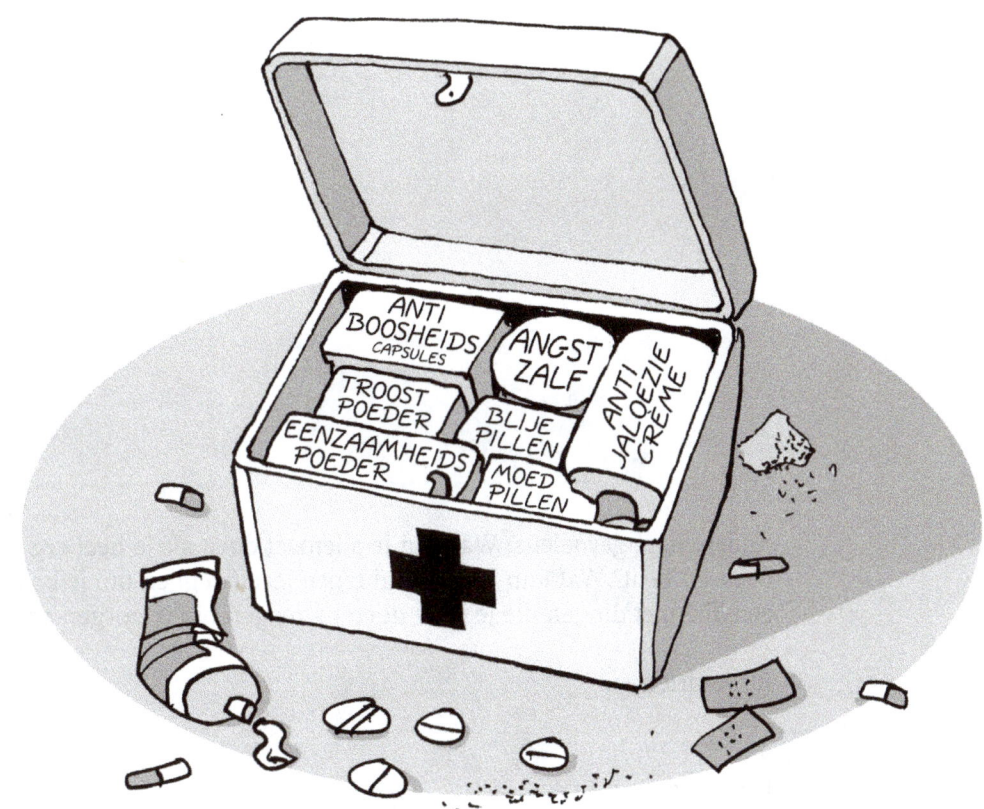

Bij Boosheid: als je een boosheid voelt van 10, wat helpt *jou* dan allemaal? Waarmee kun jij de boosheid laten zakken? Maak een lijst met dingen die *jou* helpen.

_____
_____
_____
_____
_____

Teken hieronder dat je iets aan het doen bent wat jou kan helpen om minder boos te worden.

Andere nare gevoelens: Wat kun je allemaal doen als je heel erg verdrietig, bang of bezorgd bent? Wat kun je allemaal tegen jezelf zeggen om je beter te voelen? Maak een lijst met dingen die je kunt doen of zeggen om te zorgen dat je je beter voelt.

Bij verdriet:

Doen: _____

Tegen mezelf zeggen (denken): _____

Bij angst:

Doen: _____

Tegen mezelf zeggen (denken): _____

Bij bezorgdheid:

Doen: _____

Tegen mezelf zeggen (denken): _____

GEDACHTESTOP

Soms blijven we malen over vervelende gedachten, net als een liedje dat maar in je hoofd blijft zitten. Deze gedachten lijk je niet te kunnen stoppen. We noemen deze gedachten een 'lelijk liedje', omdat ze ons nare (= lelijke) gevoelens bezorgen. Je kunt leren 'lelijke liedjes' te stoppen door tegen jezelf te zeggen 'STOP, GA WEG' – alsof je op een STOP-knop drukt – en dan kun je een ander liedje inzetten, een 'leuk liedje' (gedachten waarvan je een beter gevoel krijgt).

 Noteer hieronder een voorbeeld van een 'lelijk liedje' dat jij wel eens in je hoofd hebt:

Schrijf hieronder een voorbeeld van een 'leuk liedje', dat je dan kunt inzetten:

Je kunt dit tijdens de therapie oefenen met de therapeut. START met een lelijk liedje. Als de therapeut STOP zegt, begin je een leuk liedje te zingen.

Als je hiermee geoefend hebt, kun jij beslissen wanneer je op de STOP-knop drukt van een lelijk liedje en op de START-knop voor een leuk liedje!

Oefen de komende week door elke dag op een vast tijdstip eerst een lelijk liedje 'aan te zetten', dat je vaak in je hoofd hebt en dan na 1 minuut op de stopknop te drukken en de startknop aan te zetten voor het leuke liedje. Doel van deze oefening is dat je ontdekt dat je kunt leren nare gedachten zelf bewust op te roepen en ook weer 'uit te zetten'.

4 Gedachten

In dit blok ga je ontdekken hoe gedachten samenhangen met gevoelens en gedrag.

4.1 Gedachten – gevoelens – gedrag

Wat zijn gedachten?

Gedachten zijn woorden die je in je hoofd hebt. Wat je tegen jezelf zegt, zijn ook gedachten. Je kunt bij voorbeeld denken: 'Ik heb mijn huiswerk goed gedaan' of 'Ik heb veel te weinig gedaan aan mijn huiswerk'. Noem nog maar een paar voorbeelden van gedachten.

Gedachtewolkje

Wat zijn gevoelens?

Emoties, gevoelens en sensaties voel je in je hart en je lijf. Je weet al een heleboel over gevoelens, want daar hebben we al uitgebreid over gesproken. Noem of teken er nog eens een paar die je kent.

Gevoelens

Wat is gedrag?

Gedrag bestaat uit handelingen die je uitvoert met je lichaam. Bijvoorbeeld: praten, lopen, tekenen, huilen, lachen. Noem nog een paar andere handelingen.

Gedrag

4.2
GGG-spel

Dit spel helpt je de verschillen te leren zien tussen gedachten, gevoelens en gedrag. Teken of schrijf hieronder een wolkje of 'geda' achter gedachten, een hartje of 'gev' achter gevoelens of 'gedr' achter gedrag.

Gedachten, gevoelens, gedrag

Gelukkig

Rennen

Ik ben slim

Slaan

Ze vinden me niet leuk

Droevig

Spelen

Boos

Ik kan het

Het is mijn schuld

Bezorgd

Verstoppen

Huilen

Zingen

Eenzaam

Ze haat mij

Eten

Ik ben ok

Diep zuchten

Hinkelen

Dapper

Praten met een vriend

Veilig

4.3
De Driehoek

Ons denken hangt samen met ons voelen en ons doen. Als er iets gebeurt, vormen we gedachten, ontwikkelen we gevoelens en vertonen we gedrag. Hoe we in ons hoofd praten tegen onszelf, heeft invloed op hoe we ons voelen en wat we doen.

De cognitieve driehoek

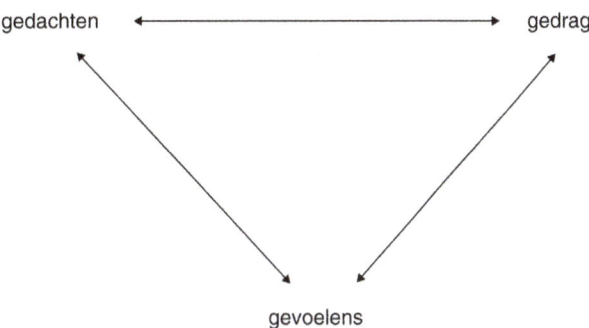

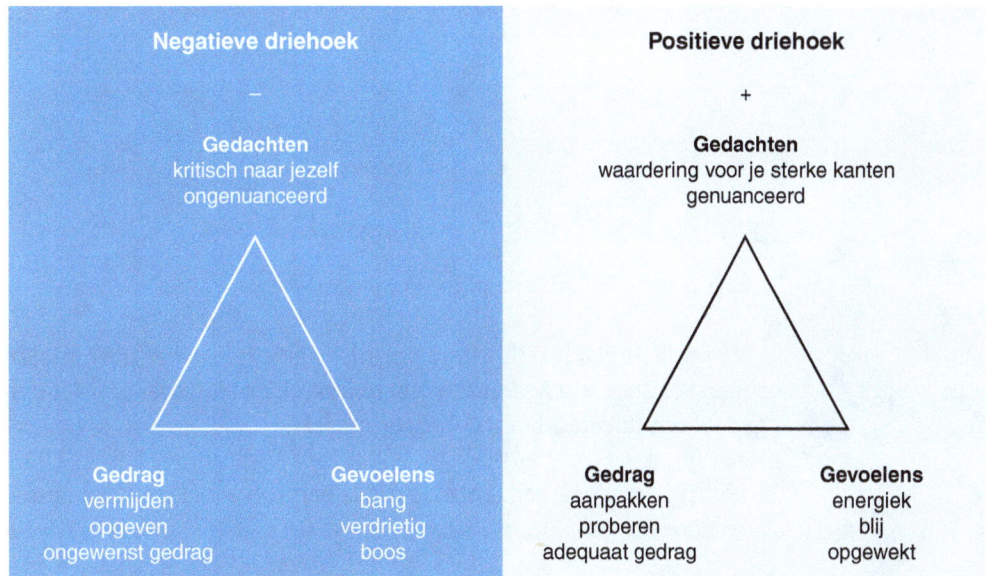

Kijk eens of je bij jezelf kunt ontdekken wanneer je in een negatieve driehoek zit en wanneer in een positieve, en hoe je van negatief naar positief kunt komen.

4.4 Foute gedachten

Iedereen heeft weleens gedachten die niet kloppen, of die het krijgen van een beter gevoel of een oplossing voor problemen in de weg zitten. We noemen dat soort gedachten: 'foute gedachten.' Je kunt op zichzelf staande, losse gedachten hebben. En je kunt ook een denkstijl ontwikkelen, waarmee je jezelf in de weg zit. Dat betekent dat je in veel situaties volgens een vast patroon denkt, waardoor je dingen op een bepaalde manier ziet. Een manier van denken die samengaat met nare gevoelens. Voorbeelden hiervan zijn:
- Zwart-wit denken: 'Iets is goed of fout en ertussen in – grijs – bestaat niet.'
- Zwartkijken: 'Niets werkt bij mij. Ik zal nooit meer beter worden.'

De therapeut bespreekt nog meer voorbeelden met je.

Schrijf hieronder foute gedachten die jij pas geleden nog had en schrijf erbij hoe je je voelde bij deze gedachten:

_____
_____
_____
_____
_____

4.5 Ontdek je denken!

Wat zeg je tegen jezelf – in je hoofd – als je je rot voelt? Waarschijnlijk krijg je een rotgevoel door wat je denkt. Weet je wat leuk nieuws is? ... Met oefenen kun je leren je gedachten te veranderen. Probeer maar!

1 Schrijf eerst een gedachte op die je een rotgevoel geeft en benoem het gevoel dat je erdoor krijgt.

_____
_____
_____
_____
_____

2 Schrijf daarna een andere gedachte op die je een fijn gevoel geeft en benoem dat andere gevoel.

_____
_____
_____
_____
_____

Wat zou je doen in situatie 1: _____

Wat zou je doen in situatie 2: _____

Leiden deze activiteiten tot verschillende uitkomsten?

Welk resultaat is beter voor jou?

Je ziet dus dat gedachten en gevoelens met elkaar te maken hebben. En dat wat je doet (gedrag) ook weer met die twee te maken heeft. Door je gedachten te veranderen, kun je je gevoel veranderen en ook je gedrag.

6 Gedachten en gevoelens bij het verhaal

Weet je nog dat je ontdekte waarom onze gedachten belangrijk zijn? Je gedachten over wat je hebt meegemaakt, zijn van invloed op hoe je je voelt. Gedachten kunnen je helpen je beter te voelen; gedachten kunnen ook juist maken dat je je rot voelt. Laten we eens kijken naar een aantal van jouw gedachten en meningen die met de gebeurtenis te maken hebben. Het doel van dit blok is dat je leert hoe je gedachten over de gebeurtenis, waardoor je in een negatieve driehoek belandt, zo kunt veranderen dat je in een positieve terechtkomt. Hieronder staat een reeks vragen en gedachten die jeugdigen vaak hebben na een ingrijpende of verwarrende gebeurtenis.

Bekijk met de therapeut welke vragen jullie zullen bespreken en voeg eventueel je eigen vragen en gedachten toe aan het lijstje. Schrijf daarna bij elke vraag het meest helpende antwoord. Je kunt ook voordat je onderstaande vragen beantwoordt samen met de therapeut het verhaal kritisch doorlopen en zoeken naar negatieve gedachten. Hoe kun je daar positieve gedachten van maken?

1 Wat is mij overkomen, en waarom is dit gebeurd?

2 Wie is er verantwoordelijk voor wat er is gebeurd?

3 Hoe heeft de gebeurtenis mijn familie/gezin beïnvloed?

4 Hoe zal de gebeurtenis mij in de toekomst beïnvloeden?

5 Mijn kijk op de wereld is sinds de gebeurtenis aldus veranderd:

6 Mijn kijk op mijzelf is sinds de gebeurtenis aldus veranderd:

7 Sinds ik naar therapie kom, heb ik de volgende dingen over mezelf geleerd:

8 De therapie heeft mij en mijn gezin tot nu toe aldus veranderd:

9 Als mijn beste vriend(in) iets dergelijks had meegemaakt, zou ik hem/haar het volgende advies geven:

10 Als mijn beste vriend(in) zou denken dat praten over wat hij/zij heeft meegemaakt te moeilijk zou zijn, zou ik hem/haar zeggen:

11 _____

12 _____

7 Je verhaal delen

De volgende stap die je gaat zetten is dat je het verhaal, dat je zo dapper hebt verteld, gaat delen met _____ (naam van de persoon).
Schrijf in overleg met je therapeut hieronder vragen die je aan _____ (naam persoon) zou willen stellen. Je kunt vragen stellen over de gebeurtenis, of over je reacties. Je kunt ook vragen naar de gevoelens en gedachten van _____ (naam persoon). Je kunt een quiz maken met vragen waaruit blijkt wat _____ nog weet over het verhaal. Je kunt ook vragen stellen over wat _____ geleerd heeft van de therapie en daar kunnen jullie met elkaar over spreken, doordat jij ook vertelt wat jij geleerd hebt.

1 _____

2 _____

3 _____

4 _____

8 Ten strijde tegen de laatste restjes

Nu we zover zijn dat je het verhaal helemaal doorgenomen hebt met de therapeut en met _____ gesproken hebt over je gedachten en gevoelens erbij, kunnen we situaties gaan aanpakken die jij nu nog steeds ontvlucht, omdat ze je herinneren aan de gebeurtenis(sen). Het gaat om alle mogelijke situaties of dingen die eigenlijk ongevaarlijk zijn, maar die je doen denken aan de nare gebeurtenis(sen). Dit kunnen plaatsen zijn, mensen, woorden, geluiden, geuren, gevoelens enzovoort. Als je met een van deze dingen in aanraking komt, dan kan het voelen alsof je de nare gebeurtenis opnieuw meemaakt of je wordt bang dat het opnieuw zal gebeuren. Je gaat nu leren hoe je controle kunt krijgen over deze situaties.

Beschrijf of teken een paar voorbeelden van dergelijke situaties.

Maak een plan met de therapeut hoe je deze situaties het best stap voor stap kunt aanpakken.

Schrijf hieronder het plan dat jullie gemaakt hebben.

Daarna ga je in de sessie oefenen hoe je deze situaties in het dagelijks leven stuk voor stuk de baas kunt blijven.

9 En nu naar de toekomst

We kunnen een heleboel dingen zelf doen om onszelf zo goed mogelijk te beschermen tegen gevaren. Wat heb jij in de therapie allemaal geleerd over veiligheid? Schrijf of teken hieronder een paar dingen die jij kunt doen en die jou helpen om je veilig te voelen.

Schrijf hieronder een paar dingen die anderen kunnen doen om jou te helpen je veilig te voelen.

1 _____

2 _____

3 _____

4 _____

5 _____

CIRKEL VAN VEILIGHEID

Ieder kind en elke jongere heeft mensen om zich heen die om hem/haar geven. De een heeft er meer dan de ander. Je kunt naar deze mensen toe gaan als je hulp nodig hebt of als je met iemand wilt praten.

Teken jezelf in het midden van dit blad. Maak daarna een cirkel om je heen van mensen in je omgeving die kunnen helpen jouw veiligheid te bewaken. Teken ze of schrijf hun naam op. Je kunt er ook hun telefoonnummer bij zetten! Hier volgt eerst een voorbeeld.

BLOK 9   EN NU NAAR DE TOEKOMST

TERUGBLIK

Kijk samen met de therapeut terug naar wat je in deze therapie allemaal hebt geleerd.

Wat vond je het leukste onderdeel?

_____
_____
_____
_____

Wat het minst leuke?

_____
_____
_____
_____
_____

Waar heb je het meest aan gehad?

_____
_____
_____
_____
_____

Schrijf hieronder wat voor jou de belangrijkste lessen zijn die je mee naar huis neemt en die je wilt onthouden.

Klachten kunnen terugkomen. Als dat bij jou gebeurt, dan weten jij en/of je ouders/verzorgers hoe je daarmee om kunt gaan. Mocht dat niet lukken, dan mag je opnieuw contact met de therapeut opnemen voor een enkele sessie.

Deel 2 Traumatische rouw

10 Informatie

In dit blok heb je aan de therapeut verteld over _____, die is overleden. Je hebt ook verteld hoe je je erover voelt dat ... is overleden en wat je erover denkt.
Maak hieronder een tekening voor _____. Of schrijf een gedicht of wat je maar wilt.

11 Verlies en verdriet

Herinneringen aan _____:
Wat moet je allemaal missen, nu en later? Wat zul je behouden? Wat blijft bij jou?

12 Mooie herinneringen

Dit is ruimte voor positieve herinneringen aan _____, zodat je die voor altijd kunt bewaren en ze nooit zult vergeten.

13 En nu naar de toekomst

Schrijf een afscheidsbrief waarin je _____ bedankt voor al het goede wat hij/zij je heeft gebracht en geleerd, waarin je schrijft hoe je verder gaat leven met je herinneringen aan hem/haar in je hoofd, zoals die geworden zijn nu je er met de therapeut en met je ouders over gesproken hebt.

Als je wilt, kun je hieronder schrijven wat je van de therapie gevonden hebt en wat je ervan geleerd hebt. Als je dat niet wilt, kun je een tekening maken voor jezelf.

Geraadpleegde bronnen

De volgende bronnen zijn geraadpleegd:

Cohen, J.A., Mannarino, A.P., Deblinger, E. (2008). Behandeling van trauma bij kinderen en adolescenten. Met de methode Traumagerichte Cognitieve Gedragstherapie. Houten: Bohn Stafleu Van Loghum.
Hendricks, A., Cohen, J.A., Mannarino, A.p., & Deblinger, E. (2007). Your Very Own TF-CBT Workbook. http://intranet.nctsn.org. (Unpublished manuscript).
Hendricks, A., Cohen, J.A., Mannarino, A.p., & Deblinger, E. (2012). Dealing with Trauma: A TF-CBT Workbook for Teens. (Unpublished manuscript).

Blok 1

Informatie over gevaar en trauma: www.nctsn.org.
Schijf van vijf: Pas, Alice van der (1993). *Handboek methodische ouderbegeleiding. Deel 5 De adviesfase*. Rotterdam: Ad Donker.

Blok 2

2.1. Hoe stress en PTSS inwerken op onze hersenen en ons lichaam: overgenomen uit handleiding, blz. 240.
Spierontspanningsoefening jongere of ouder: overgenomen uit handleiding, blz. 98.
Variant voor jong kind: overgenomen uit handleiding, blz. 97.
Tweede variant voor jong kind: overgenomen uit Pat-Horenczyk e.a., 2012. *Building Emotional & Affect Regulation, From a Strength Perspective*. www.traumaweb.org
Ademhalingsoefening voor kinderen: overgenomen uit Shapiro, L. & Sprague, R. (2011). *Werkboek ontspanning voor kinderen. 55 oefeningen om stress te verminderen*. Amsterdam: Hogrefe, blz. 55.
Fantasieoefening voor kinderen: overgenomen uit Shapiro, L. & Sprague, R. (2011). *Werkboek ontspanning voor kinderen. 55 oefeningen om stress te verminderen*. Amsterdam: Hogrefe, blz. 75.

Blok 4

Stallard, P. (2006). *Denk goed, voel je goed. Werkboek cognitieve gedragstherapie voor kinderen en jongeren*. Amsterdam: Nieuwezijds.

Blok 5

Structuur (met enige aanpassingen) overgenomen uit: Saxe, G.N., Ellis, B.H. & Kaplow, J.B. (2009). Collaborative treatment of traumatized children and teens: The trauma systems therapy approach. New York: Guilford Press.

Over de auteurs

Drs. Renée Beer is klinisch psycholoog/psychotherapeut en cognitief gedragstherapeut. Zij was tot juni 2013 verbonden aan het Traumacentrum van de Bascule als coördinator-programmamanager en is sindsdien werkzaam in een eigen praktijk en voor verschillende instellingen als behandelaar, supervisor en docent. Zij is opleider en supervisor voor de VGCt, VKJP en VEN, geaccrediteerd als trainer in TF-CBT en tevens in EMDR bij kinderen en adolescenten. Zij heeft samen met Carlijn de Roos EMDR voor jeugdigen in Nederland op de kaart gezet door het ontwikkelen en verzorgen van trainingen, publicaties en presentaties op (inter)nationale congressen. Zij schreef diverse publicaties over (o.a.) diagnostiek en behandeling van kinderen met traumagerelateerde problematiek. Voor haar verdiensten op het gebied van de zorg voor getraumatiseerde kinderen werd zij in 2013 onderscheiden met de Jaap Christoffels Penning.

Dr. Ramón J.L. Lindauer is als kinder- en jeugdpsychiater/systeemtherapeut van het Centrum voor Trauma en Gezin werkzaam bij de Bascule. Hij is geaccrediteerd als trainer TF-CBT. Daarnaast is hij hoofd van de afdeling Kinder- en Jeugdpsychiatrie van het AMC. Speerpunten in zijn onderzoek zijn psychotrauma en kindermishandeling. Als projectleider is hij verantwoordelijk voor een aantal door ZonMw gesubsidieerde onderzoeksprojecten naar predictoren, screening, diagnostiek en behandeling van aan psychotrauma gerelateerde stoornissen bij kinderen en adolescenten. Hij heeft meerdere publicaties en hoofdstukken in boeken geschreven over psychotrauma, kindermishandeling en gehechtheid. In 2012 is zijn boek *Trauma bij kinderen* uitgegeven. In 2013 verscheen 'Klinisch interview voor PTSS bij kinderen en adolescenten (CAPS-CA)', de handleiding en het klinische interviewboek, waarvan hij auteur is.

Jouw verhaal

GPSR Compliance

The European Union's (EU) General Product Safety Regulation (GPSR) is a set of rules that requires consumer products to be safe and our obligations to ensure this.

If you have any concerns about our products, you can contact us on

ProductSafety@springernature.com

In case Publisher is established outside the EU, the EU authorized representative is:

Springer Nature Customer Service Center GmbH
Europaplatz 3
69115 Heidelberg, Germany

www.ingramcontent.com/pod-product-compliance
Lightning Source LLC
Chambersburg PA
CBHW081552110426
42871CB00028BA/251